REESCRITURA DEL DISCURSO FÚNEBRE DE

PERICLES:

CLAVES PARA EL RESCATE DE LA DEMOCRACIA.

Introducción.

He querido reescribir en clave posmoderna el "Discurso Fúnebre Pericles"(430 A.C), escrito por Tucídides, por ser el testimonio más impresionante de la antigua democracia ateniense y sus inestimables valores cívicos. La solidaridad, la amistad cívica, el respeto por los mayores, el amor al ser y no el poseer, la búsqueda de la perfección mediante el arte, son claves para redescubrir el ideal de democracia Ateniense del siglo IV A.C. Estoy convencido, que desde su esencia, podremos repensar nuestra democracia actual, por ser un llamado a la solidaridad y la virtud personal y política.

El desafío de nuestro tiempo es construir una sociedad eco-democrática - superando el antropocentrismo inherente de la antigua concepción democrática de la sociedad humana-, así el ideal primario de una comunidad política organizada, será más amplio, más omnicomprensivo, y sin duda la posibilidad de realizar el ideal de un concepto de "bien común" más amplio, donde toda la creación terrestre se encuentre en su radio de acción.

Hablamos de una sociedad política, no sólo unida por un pacto social, más bien de un gran pacto social verde o ecocéntrico, que se enlaza con los grande valores del "buen vivir", presentes en el nuevo constitucionalismo de América Latina, especialmente en la Constitución Boliviana y la Ecuatoriana. Y que recogen los saberes ancestrales, de nuestros pueblos indígenas; donde la cultura humana se sabe unida con el devenir de la madre tierra.

Ahora que la ciencia y la técnica posmoderna, nos demuestran que la vida humana está unida a la vida de la tierra, que somos un ecosistema, cerrado y único en el universo, un tesoro de la vida.

Nuestra organización política, económica, y cultural debe adaptarse a esta nueva conciencia total, de la unicidad entre ser humano y ecosistema. O nuestra especie se auto elimina, junto a los ciclos de la vida, sin cumplir su propósito final. En el discurso Fúnebre de Pericles, se vislumbra este propósito espiritual de la democracia, perfeccionar en la virtud la ciudadanía humana, y es quizás este mismo valor supremo de la democracia, el que hoy debemos rescatar de la tiranía que se cierne sobre el globo, la tiranía de los populismos, de la mano de la desinformación, las teorías conspirativas, y la manipulación de la conciencia humana a través de la inteligencia artificial y algoritmos, por decir algunos desafíos de nuestras democracias.

Espero que esta propuesta de reescritura de tan importante discurso de nuestra historia política, sea un aliciente para repensar nuestra democracia, en un momento lleno de peligros y desafíos, como señala el sabio popular chileno Gastón Soublette, en una de sus últimas obras publicadas en medio de la pandemia del Covid19.

Rodolfo Marcone Lo Presti, el autor.

Reescritura inspirada en el discurso fúnebre de Pericles, en clave posmoderna.

I.

Les escribo, para ensalzar la memoria de nuestros héroes caídos, se que muchos no los conocen, y otros conociéndolos no los desean recordar, y otros pocos desean ensuciar su memoria. Les digo que jamás podrán mancillar la honra bien ganada de mujeres y hombres, forjadores de nuestra patria, que con la luz de sus obras, el fuego de su caridad, y la búsqueda de justicia nos mostraron la senda del devenir.

Hoy es ocasión de recordarles a quienes con sus vidas construyeron nuestra comunidad. Se que algunos de ustedes pensaran que ensalzar y glorificar a los muertos es costumbre del pasado, y yo les digo, que sí, y también debe ser costumbre de hoy. Es justo hacerlo en el momento de crisis e incertidumbre en que vivimos como humanidad. Nuestra historia nos mostrará el camino para volver al equilibrio original.

Con estas palabras que pronunció en este memorial solo pretendo obtener un poco de atención, de todos los ciudadanos libres de una república llamada Chile, que en el confín del mundo, cumple una misión central en el devenir de la América Latina mestiza que nos hace seres solidarios, diversos y libertados del yugo imperialista.

II.

Las generaciones de hombres y mujeres que nos precedieron,
merecen por justicia, que nosotros sus descendientes rindamos
memoria de su existencia, grandeza y desventura. Ellas y ellos
son partes de una misma historia, y construyeron con sus vidas
la historia común que nos forjó como comunidad políticamente
organizada en un territorio, al que llamamos país, o patria. El
gran mérito de aquellas generaciones de hombres y mujeres del
pasado es el legado de nuestra libertad como ciudadanos libres
e iguales en derechos y deberes, y más aún libertos del yugo
hegemónico de todo imperio de ultramar. Debemos agradecer a
nuestros abuelos, y padres por su esfuerzo y convicción en la
construcción de un país de hermanos y hermanas, con
esperanza y fe en un futuro siempre mejor, y unidos en una
verdadera amistad cívica. Una comunidad de consensos

amplios es la que nos legaron. Hoy nosotros que somos el futuro de esta nación, debemos honrar los más altos valores humanos que unieron a las generaciones pasadas; para seguir siendo libres de todo yugo opresor, sobre todo el de la mentira y la idolatría del poder por el poder, del poseer por poseer; si vencemos el enemigo del egoísmo, podremos construir una paz duradera entre nosotros, y con todas la naciones hermanas del mundo. Y vivir en concordia con el ecosistema que nos da la vida.

No quiero en este discurso, ensalzar las victorias militares de nuestros antepasados, ya por todos conocidas, y en una época como la nuestra, innecesarias, ya que somos nosotros los llamados a construir una nueva cultura de la paz universal y la no violencia. Que eliminara los ejércitos y sus arsenales nucleares de la faz de la tierra. Esta es nuestra tarea definitiva.

En lo sucesivo de este discurso, quiero resumir las normas elementales de nuestra comunidad, la que nos hemos dado dentro de esta historia, y perfilar el sistema político que hemos escogido para gobernarnos. No sin dolor y esperanza este sistema político ha reflejado un devenir, que se nutre con una gama de valores humanos, que siempre han guiado nuestro andar comunitario. Todos estamos convocados a construir un mejor país, tantos los viejos chilenos y los migrantes que llegan a nuestra tierra bendita de vida, para enlazar sus sueños, esperanzas y futuro al nuestro.

III.-

El régimen político en nuestro país tiene cerca de doscientos años de historia constitucional- pero antes de la conquista, teníamos los regímenes sociales y políticos de nuestros pueblos originarios, más de 40 mil años de historia-, fruto de las revoluciones americanas del siglo XVIII, donde los hombres y mujeres americanos soñamos un continente de iguales.

Nuestras constituciones fueron fruto de grandes luchas por la igualdad y libertad. No fueron imitaciones burdas, sino que creaciones de una serie de intelectuales probos y virtuosos. Podemos decir que para el continente americano el régimen político de nuestro pobre y alejado país era un ejemplo. Mientras algunos vivían la anarquía del caudillismo, en Chile se vivía una discusión política elevada. El sistema político elegido por el pueblo de Chile, fue el de una república democrática, imitando la sabiduría de los viejos atenienses.

La democracia es la forma de gobierno, donde el bien común como fin elemental guía la administración del poder, que recae en ciudadanos elegidos periódicamente. La soberanía del poder no se encuentra en el gobernante mismo, que es un mero representante de esta, si no que en el pueblo todo, y que la ejerce a través del voto, secreto, libre e informado.

En esta democracia los poderes del Estados son tres, que independientes entre sí, generan un equilibrio único. Dichos poderes son el Ejecutivo y a su cabeza un Presidente de la República, que guía la ejecución de la política estatal; luego un Poder Legislativo, que crea las leyes según las normas de la ciencia, la ética y el bien común; y finalmente un Poder Judicial, que juzga y conoce de las contiendas entre las personas, cuyo fin es erradicar la violencia de la sociedad democrática, como forma de resolución de los conflictos.

En todos estos poderes del Estado, cualquier ciudadano puede desempeñarse, mientras cumpla con los requisitos que la Ley exige. En Chile estos poderes son limitados, por un principio de legalidad, que indica que sus actuaciones sólo pueden ser realizadas, si cuentan con una ley previa que las respalde. Esto impide la arbitrariedad contra el ciudadano, todos y todas gozan de un derecho de presunción de inocencia, y no se puede perseguir a ninguna persona sin causa legal, y menos discriminar, por su género, religión, o forma de pensamiento.

Por mucho tiempo, no solo bastó el mérito para ser parte de estos poderes, si no, que el compadrazgo político se volvió decisivo, lo que fue degenerando la calidad humana, intelectual y moral de los funcionarios de dichos poderes. Lo que terminó con una gran crisis política, y una desafección de la ciudadanía al Estado de Chile y al sistema político escogido por nuestros ancestros. Muchas veces en nuestro país lamentablemente, no se legislo para ampliar el bien común o defender nuestro ecosistema, más bien se dejó que los poderosos abusaran del débil, con el fundamento de una libertad sin límites.

Más el pueblo entero despertó un día de octubre del año 2019, y solicitó cambiar un modelo caduco de política y sociedad, para que todos pudiéramos vivir en un país más libre, justo y resiliente con el medio ambiente. Ellas y ellos quisieron dotarse de una nueva ley fundamental, y así lo harán, ejerciendo la soberanía que radica en el pueblo libre y llano de Chile, donde confluyen todos los saberes de la humanidad.

IV.

Nuestro pueblo está lleno de tradiciones hermosas, de relatos del mundo campesino, que muchos ya olvidaron, pero que en ellos se contiene la sabiduría ancestral de un pueblo mestizo, de un mundo nuevo creado entre la vieja Europa y América.

Son los muchos frutos poéticos de nuestros artistas, un motivo de orgullo; a todos nos pertenecen las palabras de una mujer maravillosa Gabriela Mistral, quien desde su tierra desértica de Vicuña y la pobre aula que la formó, salto a la fama de la poesía mundial. Por allá está Violeta Parra, que dejando su vida, encontró y perpetuó el alma auténtica de nuestro país. En la poesía sigue deslumbrando la aurora de Pablo Neruda, quien en su auténtico camino de vida y creación, nos transportó a las alturas inexorables de la creación poética humana. Así muchos y muchas fueron bendecidos con la más amplia capacidad, de observar, crear y amplificar la cultura de este pueblo, que a veces olvidado por el consumo de otras culturas, quedó relegada, con sus saberes.

Este es un país abierto a las gentes de todos los rincones, acá se puede realizar toda actividad económica, cultural, política y social sin cortapisas, siempre que respete el espíritu de un pluralismo democratico auténtico y no dañe nuestra madre tierra. Queremos vivir en armonía total con el ecosistema, es nuestro sueño ancestral y presente, el sueño del pueblo

Araucano, que es nuestro sueño nuevo.

V.

Vivimos en paz con nuestros vecinos desde hace muchas décadas. Lo que nos enorgullece. La apertura de nuestro país a todas las culturas, religiones y personas del mundo nos vuelve un país multicultural, y diverso. Ahora entendemos también que tenemos grandes deudas con nuestros pueblos originarios, quienes están dentro de nuestro ADN, como una rica herencia que debemos cuidar, descubrir y promover. Llegará el día que nuestras leyes fundamentales reconocen su aporte y su autonomía, ese día será el día de la justicia, y por ende de la paz. Nosotros los chilenos confiamos en el otro, y sobre todo en la amistad cívica como nuestra gran fortaleza. Confiamos en que la diversidad de pensamiento nos permitirá descubrir una democracia más rica y profunda, donde todas y todos colaboremos en la construcción de un pacto social verde e inclusivo.

La educación en nuestra comunidad es libre, y completa, y reconocemos que de ella será posible un cambio estructural que nos hará mejores seres humanos, más conscientes de nuestros actos, y el deber de proteger y restaurar el medio ambiente con nuestras acciones y omisiones.

VI.

Hace mucho tiempo que algunos de nosotros se olvidaron que existían otros bienes de carácter espiritual, más elevados que el tener o poseer, si no que eran la belleza y el arte, el darse al otro y el encontrarse sin careta. Pero muchos sabiendo esto no abandonaron la intuición del saber originario. Para muchos en nuestro país la riqueza material fue un fin, y no un mero medio para hacer el bien, o cumplir ciertos proyectos, esta corrupción ética, provocó que muchos hombres y mujeres fueran desplazados de los campos, para ir a ciudades, que vacías del espíritu humano, se convirtieron en máquinas bestiales de descomponer almas y producir bienes y servicios, el costo fue que hasta el aire se volvió insoportable, y las hermosa cordillera no se podía ver.

El egoísmo hizo que hombres y corporaciones se apropian del agua para fines egoístas, y así también muchas gentes quedaron sin agua para su vida. Pero para los ciudadanos de a pie la riqueza no es un fin en sí misma, es solo la forma de llevar adelante un sueño, de cooperación con nuestra comunidad. La pobreza de nuestras ciudades no fue material en la mayoría de los casos, pero si fue profundamente espiritual, calles sin árboles, barrios sin jardines. Todo esto enfermó el espíritu humano, y permitieron que en los oscuros rincones de nuestros barrios marginales, la droga y su destrucción cundiera entre niños y niñas.

Quiero decir que también los habitantes de este país son extremadamente solidarios, y se esfuerzan cada día por superarse. Muchos de los ciudadanos hoy se ocupan del futuro político, y saben que el poder reside en ellos, y que no es excusa la ignorancia para aprender más, para poder aportar al debate político.

Nos dimos cuenta que el pueblo políticamente organizado es el verdadero poder de una democracia. Nosotros mismos en cada ciudad deliberamos respetando la opinión de todas y todos. En nuestros barrios todos nos ayudamos, nadie hoy es un ser anónimo, todos nos servimos unos a otros; y así la solidaridad ha transformado nuestras relaciones humanas; hoy vivimos más cerca de los dolores, esperanzas y alegrías del vecino, y por eso tenemos por delante un futuro mejor.

VII.

Los hombres y mujeres del futuro recordarán, cómo construimos una sociedad más justa con nosotros mismos y todos los seres vivientes que nos rodean. Volvimos a recordar lo que nuestros ancestros ya sabían, que la tierra es el paraíso, y que todos somos uno, toda la vida está unida en la misma clave del ADN, somos el sueño de un mismo Dios. Recordarán nuestros esfuerzos por limpiar los ríos, los lagos y el mar de el venenoso plástico; admiraran como nuestros científicos buscaron la solución para restablecer los ecosistemas abusados por las miseria de un lucro egoísta, que llenó por muchos años los corazones de tantos. Nosotros debemos ser los primeros seres humanos post era industrial que crearon una economía totalmente verde. Nosotros estamos llamados a resistir y vencer la opresión del egoísmo de los grandes intereses que aún dominan el mundo.

La tiranía del dinero y de la explotación sin conciencia de nuestra tierra, terminara porque hicimos de nuestras leyes las más avanzadas del planeta, creamos el modelo del Estado restaurador del ecosistema; llevamos adelante un pacto social verde, y ecocéntrico; donde la ciencia y la política unidas cambiaron los antiguos paradigmas de autodestrucción y consumismo, que nos devoraban nuestra alma, y nuestra amada tierra con su vida compleja y delicada.

VIII.

Debo recordar nuestra luchas pasadas, y las luchas presentes. No somos una comunidad sin un pasado, más en el conocimiento del ayer, se encuentra el porvenir. No podemos permitir nuevas zonas de sacrificio, no podemos permitir los monocultivos de especies exógenas al ecosistema, no podemos vender nuestra riqueza, sin sustentabilidad plena ambiental, social y cultural.

Si recordamos nuestros dolores presentes y pasados, podremos evitar los yerros ya sufridos. Debemos recordar en nuestra memoria a nuestros antepasados que aunque no fueran conscientes de tantas realidades, siempre trataron de hacer lo mejor. Debemos recordar a quienes se olvidaron de sus deseos personales, y con su servicio a la ciencia, a la política, la economía, la educación, el arte y a sus sueños construyeron nuestra conciencia política actual. Ellos y ellas fueron solidarios con las generaciones actuales, fueron capaces de enfrentar la incertidumbre de un mundo que se derrumbaba, para que nosotros pudiéramos vivir de formas más sustentable, y algún día poblar el universo habitable con nuestras especies vivas, llevando el amor y la compasión universal por las galaxias lejanas.

IX.

La forma más perfecta de ciudadanía humana y política es la de entregarse en servicio por los demás miembros de la comunidad. Este altruismo es la base de nuestro futuro y presente. El esplendor de nuestra comunidad está dado por esta visión amorosa y compasiva del otro.

Nuestra sociedad es del perdón y no la venganza, nuestras cárceles son lugares de educación y expansión del corazón, no de castigo y perdición. Antes fueron los lugares más oscuros de nuestras ciudades. Un día creíamos que la violencia nos liberaría de la opresión, pero quedamos presos por ella, hoy que somos libres de toda forma de violencia, vivimos mirándonos a la cara sin miedo. Ya no hay diferencias entre hombre y mujer, migrante o ciudadano, rico o pobre, no hay gentes que se diferencien en esos parámetros, porque la diversidad de nuestro pueblo, es nuestra verdadera riqueza espiritual.

X.

Este discurso es para que ustedes ciudadanos y ciudadanas, aprendan de nuestros antepasados, de nuestros muertos, y también sepamos de nuestros futuros desafíos como comunidad.

Sepamos apreciar a nuestros mayores, y nuestros niños y niñas, ellos son por un lado son la sabiduría del pasado; y los otros la sabiduría del futuro. Una comunidad que cuida y ama a sus mayores, es una comunidad que puede querer el bien de sus niños y niñas como el fin último de su organización, ya que el amor para ellos de todos y todas nos hará una sociedad menos violenta, más inclusiva y respetuosa de toda la vida en la tierra. Donde las deliberaciones miraran el valor ecosistémico total de nuestras acciones individuales y políticas. Aquí en la plena conciencia del otro, podremos decidir de una forma verdaderamente eco-democrática. Porque desde este momento viviremos una verdadera cultura de la solidaridad y compasión universal, como ya lo soñaron nuestros ancestros, en la vieja Atenas.

XI.

Por último no olviden el fin de su ciudadanía, vivir según la amistad, el amor y la compasión universal. No olviden que nuestros muertos, son el ejemplo de su amistad y compromiso con la causa de nuestra comunidad política; que sus vidas son la plenitud de nuestro futuro; no olvidemos, que somos uno con todos y todas, y somos uno con la misma tierra entera, que es el milagro más hermoso y lleno de vida de todo el universo conocido.

XII.

He escrito todo esto con el firme propósito de rendir el homenaje que se merecen nuestros antepasados, y nosotros que los secundamos, no permitir olvidar nuestro sueño y esperanza. La ignorancia en nuestra sociedad será erradicada, cuando hagamos de la educación omnicomprensiva y libre de prejuicios un derecho para todos y todas. Así construiremos la cultura de la cooperación y no de la competencia; y empezaremos a vivir de una solidaridad creativa y universal, que nos entrega al menos la esperanza de un futuro, cuando en momentos habíamos perdido casi toda la esperanza. Gracias al corazón renovado del hombre los ejércitos se terminaron, y amplios sectores de los ecosistemas terrícolas serán restaurados, volverán las lluvias, y los hielos de los polos se repoblarán. Esto sucederá por ustedes. Es entonces nuestra virtud restaurada por la gran conciencia del todo, del amor universal, la que nos salvará. Esta será la verdadera y última misión de toda democracia humana.

Fin.